HEYNE <

Das Buch

Was geschieht, wenn Olaf der Elch beim Eislaufen einbricht? Er taucht ab in die Unterwasserwelt und fragt sich: Woher kommt das seltsame Licht in der Tiefe?

Gemeinsam mit dem Weihnachtsmann geht Olaf der Sache auf den Grund. Die beiden Taucher entdecken ein wundersames Zauberreich unter Wasser. Ein alter Piratenkapitän lebt dort unten mit seinem Hofstaat inmitten von Goldschätzen und angehäuftem Reichtum. Das Leben in der unterirdischen Schatzkammer ist allerdings langweilig, und am allermeisten leiden die Unterwasserpiraten darunter, daß immer nur Fisch auf den Tisch kommt. Tag für Tag Fisch, seit hundert Jahren. Der alte Käpt'n hat nur noch einen Wunsch: eine gebratene Gans auf dem Tisch und ein Weihnachtsbaum mit Kerzen daneben. Dafür bietet er eine Schatztruhe voller Goldstücke.

Wie es Olaf und dem Weihnachtsmann gelingt, dem alten Käpt'n mitten im Sommer einen schönen Weihnachtsabend zu bescheren; wie schwer es ist, eine Schatztruhe an die Wasseroberfläche zu hieven; wie sich der Traum vom sagenhaften Reichtum in allerletzter Sekunde beinahe noch zum Alptraum verwandelt hätte – das alles erfahren Sie in Volker Kriegels wundersamer Geschichte *Olaf taucht ab*.

Der Autor

Volker Kriegel, geboren Heiligabend 1943 in Darmstadt, wurde vor allem als Jazzmusiker bekannt und hat zahlreiche Schallplatten veröffentlicht. Daneben machte er sich als Cartoonist, Illustrator, Rundfunkautor, Dokumentarfilmer, Übersetzer und Erzähler einen Namen. Volker Kriegel starb plötzlich und unerwartet im Sommer 2003.

Bereits erschienen:

Olaf, der Elch

Olaf, hebt ab

Olaf taucht ab

Eine Tauchergeschichte

von

VOLKER KRIEGEL

WILHELM HEYNE VERLAG
MÜNCHEN

Vollständige Taschenbuchausgabe 11/2019

Printed in Ungarn

Umschlagillustration: Volker Kriegel
Umschlaggestaltung: Hauptmann und Kompanie
Werbeagentur, München/Zürich
Druck und Bindung: Alföldi, Ungarn

ISBN: 978-3-453-42377-0
http://www.heyne.de

Es war der erste Sonnentag nach einem langen, dunklen Winter. Schon am frühen Morgen zeigte sich ein tiefblauer, klarer Himmel ohne ein einziges Wölkchen. Die Luft war kühl und frisch.

»Eishockey, das wär's jetzt. Oder?« hatte Olaf nach dem Frühstück vorgeschlagen.

»Genau«, hatte der Weihnachtsmann geantwortet, »du sagst es.«

Sogleich waren die beiden Freunde zur Bären-Bucht aufgebrochen, die um diese Jahreszeit noch zugefroren war. An den Rändern jedenfalls, in Ufernähe.

Was für ein wundervoller Vormittag! – Die Sonne schien, das Eis war glatt wie nie zuvor, und die Schlittschuhe liefen wie von selbst.

Olaf war leicht im Vorteil. Er bewegte sich schnell und sicher auf dem Eis. Mit seiner abgebrochenen Schaufel ging er so geschickt um wie ein Profi mit seinem Schläger.

Der Weihnachtsmann verlor wegen seines Glasauges manchmal die Übersicht. Aber er war ein großer Kämpfer, gab niemals auf und gewann so manches verloren geglaubte Spiel.

An diesem Vormittag war er allerdings nicht besonders gut in Form. Immer öfter schlug er den Puck völlig unkontrolliert auf die freie Eisfläche hinaus. Olaf mußte jedesmal hinterherrennen und bemerkte kaum, wie er sich immer weiter vom Ufer wegbewegte.

Und so passierte es.

Es ist keineswegs so, daß Elche nicht schwimmen können. Auch Olaf war eigentlich ein guter Schwimmer. Aber von einer Sekunde zur andern im eiskalten Wasser zu landen, das war selbst für Olaf ein böser Schock. Im trüben Halbdunkel unter der Eisdecke wußte Olaf einen Moment lang nicht, wo oben und unten war. Er meinte ein Licht zu sehen, bemerkte aber im nächsten Moment über seinem Kopf ebenfalls einen hellen Lichtfleck. Das muß das Loch im Eis sein, dachte Olaf, und mit verzweifelter Anstrengung kämpfte er sich nach oben.

»Mensch, Olaf«, sagte der Weihnachtsmann, als die beiden Freunde abends am Ofen saßen, »da hast du wieder mal Glück gehabt. Das hätte bös ausgehen können. Gut, daß du gleich deinen Schläger, äh, deine Schaufel aus dem Wasser gehalten hast. Sonst hätte ich dich kaum rausziehen können. – Weißt du eigentlich, wie schwer du bist?«

»Mhmm, mhmm-mhmm«, antwortete Olaf.

»Schon gut, Olaf«, lachte der Weihnachtsmann. »War ja nur Spaß. Hast du Lust auf Pilze mit Heidelbeeren?«

Olaf nickte und nahm das Thermometer aus dem Mund.

»Und?« fragte der Weihnachtsmann.

»Siebenunddreißigfünf«, antwortete Olaf. »Alles in Ordnung. Übrigens – was ich dir noch erzählen wollte ...«

»Jetzt iß doch erst mal«, sagte der Weihnachtsmann.

»Übrigens«, fing Olaf nach dem Essen wieder an, »was ich dir noch erzählen wollte: Ich habe unter Wasser ein Licht gesehen. Es kam von unten.«

»Ein Licht?« fragte der Weihnachtsmann. »Von unten? Bist du da sicher?« – »Vielleicht hast du ja nicht richtig Fieber gemessen«, fügte er nach einer Weile hinzu. »Vielleicht hast du Erscheinungen.«

»Nein, im Ernst«, sagte Olaf, »ich habe es genau gesehen. Es hat sich bewegt, es war so eine Art Blinken. Und ich wüßte gerne, woher dieses seltsame Licht kam.«

»Ich glaube, bei dir blinkt's«, sagte der Weihnachtsmann.

»Mach du nur deine Witzchen«, sagte Olaf, »ich weiß, was ich gesehen habe. Und jetzt mache ich dir einen Vorschlag: Wir besorgen

uns eine Taucherausrüstung, und sobald das Eis geschmolzen ist und das Wasser etwas wärmer ist, gehen wir der Sache auf den Grund.«

»Okay, meinetwegen«, sagte der Weihnachtsmann, »mal gespannt, ob wir deinen Unterwassergespenstern begegnen.«

Das sonnige Frühlingswetter hielt an, die Temperaturen stiegen, und schon zwei Wochen später war nichts mehr zu sehen von Schnee und Eis.

Olaf und der Weihnachtsmann bereiteten sich gewissenhaft auf die Expedition vor. Den Umgang mit Maske, Sauerstoffgerät, Tiefenmesser und Flossen lernt man nicht von heute auf morgen. Es braucht schon ein wenig Zeit und Geduld, bis jeder Handgriff sitzt und bis man sich unter Wasser einigermaßen wohl fühlt.

»Heute ist unser Tag«, sagte Olaf eines Morgens, »der Wetterbericht verspricht allerfeinsten Sonnenschein. Na, wie wär's?«

»Alles klar«, sagte der Weihnachtsmann und rieb sich die Hände. »Ich pack die Ausrüstung zusammen, und dann geht's ab.«

Zunächst war unter Wasser so gut wie nichts zu sehen. Keine Spur von einem Licht. Ab und zu kam ein neugieriger Fisch vorbei, das war alles. Schon wollte Olaf die Expedition abbrechen, da sah er plötzlich, wie der Weihnachtsmann hektisch winkte und nach unten deutete. Tatsächlich! Da war es! Deutlich konnte man in der Tiefe einen Lichtschimmer sehen. Entschlossen tauchten die beiden Freunde hinab.

Das Licht kam aus einer großen, offenstehenden Tür in einer Felswand, die sich aus dem Meeresgrund erhob.

Olaf und der Weihnachtsmann zögerten keine Sekunde.

Kaum hatten sie die Pforte passiert, da schloß sich hinter ihnen die Tür wie von Geisterhand. Aus dem Nichts tauchten zwei Pinguine auf, die den Tauchern bedeuteten, ihnen zu folgen. Der Weg führte durch mehrere Schleusenkammern. Einer der Pinguine schwamm vorweg, der andere bildete die Nachhut. In der letzten Schleuse ging es eine steinerne Treppe hinauf, zunächst unter Wasser, bis Olaf und der Weihnachtsmann auf einmal am Beckenrand eines unterirdischen Hallenbades standen. Wieder öffnete und schloß sich eine Tür, und weiter ging es zu Fuß durch einen schwach beleuchteten Gang. Nach einer scharfen Kurve standen Olaf und der Weihnachtsmann plötzlich am Eingang eines hell erleuchteten Raumes, der in ein strahlendes, goldenes Licht getaucht war. Inmitten eines riesigen Haufens von Goldmünzen, Leuchtern, Perlen und Edelsteinen saßen drei seltsam verkleidete Gestalten.

Das gibt's doch nicht, dachte Olaf.

Nicht zu fassen, dachte der Weihnachtsmann.

Der bärtige Alte mit der Augenklappe, der auf einer Art Thron in der Mitte saß, brach als erster das Schweigen.

»Willkommen, meine Herren«, sagte der Einäugige, »willkommen in der goldenen Grotte. Mein Name ist John McFogerty. Käptn McFogerty. Ich habe in diesem Laden das Kommando, und das schon seit rund zweihundert Jahren, nebenbei bemerkt. Aber das ist eine lange Geschichte. Hier neben mir sehen Sie das, was von meiner Mannschaft übriggeblieben ist. Darf ich vorstellen –«, er deutete nach rechts, »mein Erster Offizier, Sam Lynch.«

Der grimmige Geselle mit dem Holzbein verzog keine Miene.

»Und hier, zu meiner Linken, das ist Killer Joe, unser Steuermann.«

Der Kahlköpfige auf dem Diwan deutete ein Kopfnicken an.

»Tja, meine Herren«, fuhr der Alte fort, »Sie werden sich gewiß ein wenig wundern über das, was Sie hier sehen. Ich will Ihnen gerne alles erklären, aber zuerst sollten Sie mal die nassen Klamotten loswerden und diese albernen Flossen ablegen. Die Pinguine werden Ihnen die Zimmer zeigen. Etwas Trockenes zum Anziehen kriegen Sie auch. In einer halben Stunde erwarte ich Sie zum Essen. Dreimal dürfen Sie raten, was es gibt –«
Käptn McFogerty stieß einen unfrohen Lacher aus:
»Fisch!«

Während des Essens saß der Weihnachtsmann neben Käptn McFogerty. Sie steckten die Köpfe zusammen, tuschelten und lachten, und immer wieder griff der alte Käptn zum Glas und rief: »Prosit, meine Herren! Cheers! Skol! Zum Wohlsein!« McFogerty zeigte sich hoch erfreut, als er erfuhr, welchem Beruf der Weihnachtsmann

nachging. Das Weihnachtsfest, so rief der alte Seebär, habe ihn schon als Kind fasziniert, und er empfinde es als besondere Ehre, den Weihnachtsmann persönlich kennenzulernen. Der Weihnachtsmann hingegen konnte gar nicht genug kriegen von den haarsträubenden Abenteuergeschichten, die Käptn McFogerty zum besten gab.

Olaf unterhielt sich die meiste Zeit mit Killer Joe. Der Steuermann wollte unbedingt wissen, welche Art von Musik heutzutage modern sei. Er schien ein wenig enttäuscht, als Olaf gestand, daß ihm die Musik nicht besonders am Herzen liege. »In meiner Jugend war ich ein berühmter Blockflötenspieler«, sagte Killer Joe etwas wehmütig, »ob Sie es glauben oder nicht. Ich habe in Konzertsälen und an Fürstenhöfen gespielt. Vielleicht war es ein Fehler, daß ich später die seemännische Laufbahn eingeschlagen habe. Mit der Blockflöte war es nämlich dann schnell vorbei.« Killer Joe hob mit vielsagender Miene die eiserne Hakenhand. »Mundharmonika«, sagte er dann, »das wär's vielleicht. Ach ja, eine Mundharmonika.«

Sam Lynch, der Erste Offizier, sprach während des ganzen Essens kein einziges Wort. Mißmutig nagte er an seinen Fischgräten herum und hob nur den Blick, um den Gästen hin und wieder zuzuprosten. »Er meint es nicht so«, sagte Käptn McFogerty zum Weihnachtsmann, »er ist nur ein bißchen schwermütig geworden in all den Jahren. Außerdem hört er nicht besonders gut. Alte Berufskrankheit. Zuviel Kanonendonner.«

Kaum hatten die Pinguine die Teller mit den Fischresten abgetragen, da klopfte Käptn McFogerty an sein Glas und erhob sich.

»Meine Herren«, sagte er, »darf ich um Ihre Aufmerksamkeit bitten.«

Käptn McFogerty hält eine Rede.

»Heute ist ein ganz besonderer Tag für mich und für meine Mannschaft. Ihr Besuch, meine Herren, kam für uns, wenn ich so sagen darf, mehr als überraschend. Daß Sie uns überhaupt gefunden haben, haben wir, genaugenommen, einer üblen Schlamperei zu verdanken. Die Pinguine, diese blöden Penner, hatten vergessen, das Licht in der vorderen Schleuse auszumachen. Außerdem haben sie die Außentür offen gelassen. Unglaublich. Na ja, es gibt halt keine Mannschaften mehr, auf die man sich verlassen kann. Was ich sagen wollte, meine Herren: Niemals hätten wir damit gerechnet, hier unten Gäste zu empfangen. Niemals hätten wir es für möglich gehalten, daß uns irgend jemand hier unten in unsrem Versteck tatsächlich aufsuchen würde. Wir, meine Männer und ich, fürchten weder Tod noch Teufel, das kann ich Ihnen versichern. Aber wenn es in den letzten Jahrhunderten irgend etwas gab, wovor wir Angst hatten, dann war es der Gedanke, daß irgend jemand durch Zufall die goldene Grotte entdeckt und unsre geheime Zuflucht zerstört. Die Welt ist schlecht, das wissen Sie so gut wie ich, meine Herren, und unsre bescheidene Heimstatt wäre natürlich ein gefundenes Fressen für all die habgierigen Halunken, die sich da oben herumtreiben.

Damit meine ich natürlich nicht Sie, meine Herren, Gott bewahre. Ganz im Gegenteil. Nachdem wir uns nun kennengelernt haben, vielleicht sogar ein wenig angefreundet haben, fällt mir ein Stein vom Herzen. Sie sind Ehrenmänner, meine Herren, das war mir sofort klar. Dafür habe ich einen Riecher. Sie können ein Geheimnis für sich behalten, das weiß ich, das spüre ich. Ein Gentleman erkennt seinesgleichen auf den ersten Blick, nicht wahr?– Prost, meine Herren! Es ist mir eine Ehre!« –

»Aber ich habe mich ein wenig verplaudert. Eigentlich wollte ich Ihnen ja erzählen, was uns hierher verschlagen hat.

Es geschah vor zweihundert Jahren. Na ja, genaugenommen sind es noch nicht ganz zweihundert Jahre, aber beinahe. In ein paar Wochen steigt das große Jubiläum. Die Sache passierte nämlich am Tag der Sonnenwende. Wir trieben uns hier in den nördlichen Gewässern herum, weil wir von einem Megaschnäppchen Wind bekommen hatten, von einem ganz großen Fisch, der hier vorbeischwimmen sollte. Einer der Söhne des Zaren, so war uns berichtet worden, sei mit einem großen Schiff, voll mit Gold, nach Spanien unterwegs. Alexander, so hieß der Zarenbengel, wenn ich mich richtig erinnere, hatte sich unsterblich in eine spanische Prinzessin namens Carlota verliebt. Die wollte aber von dem blöden Alex nichts wissen. Nun meinte der verliebte Tölpel, er könnte die stolze Spanierin rumkriegen, wenn er ihr ein ganzes Schiff voller Goldstücke, Diamanten, Schmuck, Uhren, kostbarsten Geschirrs, edelster Seidenstoffe, sündhaft teurer Schuhe und was weiß ich noch alles vor die Füße legt. Dieser Alfons, nein Quatsch, Alex, wie auch immer, der Zarensohn jedenfalls hatte praktisch die halbe Schatzkammer seines Vaters ausgeräumt. Und ausgerechnet am Mittsommertag tauchte dieses Schiff am Horizont auf. Es lag tief im Wasser, wie ein überfressener Walfisch, und kam direkt auf uns zu.

Nun, meine Herren, was dann geschah, können Sie sich gewiß vorstellen, auch wenn Sie von der Seefahrt im Allgemeinen und von der Piraterei im Besonderen wenig Ahnung haben mögen. Ich will es kurz machen. Wir ließen die schwimmende Schatzkammer nahe genug herankommen, hißten im letzten Moment die Totenkopf-Flagge und setzten den Russen eine Salve vor den Bug. Wer nun gedacht hatte, der Zarenschlingel würde uns sein Schiff mitsamt der kostbaren Ladung kampflos überlassen, der sah sich getäuscht. Sofort eröffneten die Russen das Feuer aus allen Rohren. Schon die erste Salve riß uns das halbe Vorderdeck hinweg. Wir schafften es trotzdem, längsseits zu gehen. Ich gab den Befehl zum Entern, und es begann ein mörderischer Kampf. Mann gegen Mann. Es war eine Schlacht, wie wir sie noch nie zuvor erlebt hatten. Eine grausame, blutige, erbarmungslose Schlacht. Die Schlacht der Schlachten.

Das Deck war übersät mit Toten und Verwundeten. Glühende Balken, splitternde Masten und brennende Segel stürzten herab, die Musketen krachten, die Kanonen donnerten. Und plötzlich sah ich im beißenden Rauch eine riesige Gestalt auf mich zukommen. Es war ein russischer Pope mit einem langen weißen Bart. Er trug eine große, turmförmige Kopfbedeckung mit einem kleinen Kreuz auf der Spitze. In der Hand hielt er eine brennende Fackel. Halb versteckt hinter dem Popen sah ich einen schmächtigen jungen Mann in einem samtenen Wams mit perlenverziertem Kragen. Das mußte der Zarensohn sein.

›Mörder!‹ schrie der Greis mit lauter Stimme. ›Hau ab, du dreckiger Halunke!‹ rief der Zarensohn hinterher. In diesem Moment traf ihn ein herabstürzender Balken. Der Greis hob drohend die Fackel und brüllte mit seiner furchterregenden Apostelstimme: ›Dreimal verflucht seist du, Ausgeburt der Hölle! Ich verfluche dich und deine Mörderbande bis in alle Ewigkeit! Bis ans Ende aller Tage wirst du büßen für deine Schandtaten! Niemals wird deine Seele zur Ruhe kommen! Niemals und nirgendwo! Noch nicht einmal auf dem Grunde des Meeres! – Verflucht seist du! Verflucht! Dreimal verflucht!‹

Am liebsten hätte ich den zornigen Greis über Bord geworfen. Aber dazu kam es nicht mehr. Mit dem Ruf ›Fahr zur Hölle!‹ warf er die brennende Fackel durch eine offenstehende Luke in die Pulverkammer des russischen Schiffes. Es gab eine gewaltige Explosion, die nicht nur das russische Schiff, sondern auch unseres in die Tiefe riß. Niemand hat überlebt. Niemand außer Sam Lynch und Killer Joe. Und außer mir natürlich.«

Käptn McFogerty setzte sich wieder hin und ließ noch einmal die Gläser füllen. Der offizielle Teil der Ansprache war vorüber.

»Tja, meine Herren«, sagte Käptn McFogerty, »und so leben wir nun also seit zweihundert Jahren hier unten. Gleich nach dem Untergang der Schiffe haben wir diese Grotte entdeckt. Schon damals gab's hier Pinguine, die wir anheuerten. Sie gingen uns zur Hand beim Ausbau der Grotte und beim Bergen des Zarengoldes. Und seither sorgen sie für alles, was man so im Alltag braucht. Natürlich sind die Pinguine kein Ersatz für eine richtige, ordentliche Mannschaft. Aber was soll's. Alles in allem ist das Leben hier unten eigentlich gar nicht mal so übel. Bißchen eintönig vielleicht, zugegeben. Wir spielen jeden Tag Würfelpoker, als Zeitvertreib. Killer Joe hat seinen Anteil am Zarenschatz bald verjubelt, wenn er weiter so dämlich spielt. Stimmt's, alte Pfeife?« fragte Käptn McFogerty lachend. Der Steuermann gab keine Antwort.

»Aber wissen Sie, was das Schlimmste ist?« rief Käptn McFogerty und beugte sich zu seinen Gästen.

»Das Schlimmste ist die Verpflegung. Immer nur Fisch. Tag für Tag Fisch. Und das seit zweihundert Jahren!« McFogerty wurde lauter. »Ich kann einfach keinen gottverdammten Fisch mehr sehen«, schrie er. »Ich will endlich mal wieder was anderes auf dem Teller haben, verflucht nochmal!«

Jetzt wurde der Käptn wieder etwas leiser und rief mit weinerlicher Stimme: »Einmal noch im Leben möchte ich eine Weihnachtsgans essen! Jede Nacht träume ich davon. Jawohl! Eine schöne, große, fette, knusprige Weihnachtsgans, mit Kartoffelklößen und Rotkraut!«

»Und mit Preiselbeeren«, fügte Killer Joe hinzu.

»Schokolinsen«, sagte plötzlich Sam Lynch.

»Und dazu ein Weihnachtsbaum mit Wachskerzen, Glaskugeln, Lametta und Strohsternen! Wenn ich das noch einmal erleben dürfte ...« seufzte McFogerty.

Er hielt einen Moment inne und blickte abwechselnd auf Olaf und den Weihnachtsmann. Dann sprang er auf, lief hinüber zu einer der Schatzkisten und rief: »Meine Herren, ich möchte Ihnen einen Vorschlag machen. Wenn Sie es schaffen, pünktlich zu unserem Jubiläum, sprich: zum Mittsommertag, eine gebratene Gans und einen Weihnachtsbaum anzuliefern …«, der Käptn breitete die Arme aus, »… dann kriegen Sie zum Dank diese Schatzkiste voller Goldstücke!«

»Mal schauen, was sich machen läßt«, sagte Olaf.

»Gebongt«, sagte fast gleichzeitig der Weihnachtsmann, »das geht klar. Auf jeden Fall.«

Käptn McFogerty stieß einen Freudenschrei aus.

Killer Joe sang laut vor sich hin.

Sam Lynch zeigte ein Lächeln.

Früh am nächsten Morgen machten sich Olaf und der Weihnachtsmann auf den Heimweg. Das angebotene Frühstück (eingelegte Heringe mit Genever) lehnten sie mit dem Hinweis auf dringende Termine höflich ab.

»Es gibt allerhand zu tun«, sagte der Weihnachtsmann zu Käptn McFogerty bei der herzlichen Verabschiedung.

»Ich verlasse mich auf euch«, sagte der alte Seebär, schlug Olaf kräftig auf die Schulter und schloß den Weihnachtsmann stürmisch in die Arme.

Killer Joe zog Olaf beiseite und flüsterte ihm zu, er solle doch bitteschön an die Mundharmonika denken.

Sam Lynch verabschiedete sich mit einem stummen Handschlag.

Die Pinguine geleiteten Olaf und den Weihnachtsmann durch das Schleusensystem bis zum Ausgang. Sie winkten zum Abschied und zogen die schwere Tür hinter sich zu.

Die beiden Freunde waren schon beinahe zu Hause angekommen, als Olaf das nachdenkliche Schweigen unterbrach. »Was meinst du«, fragte er, »wie schaffen wir die Gans und den Weihnachtsbaum trocken da runter?«

»Ganz einfach«, antwortete der Weihnachtsmann, »mit einem U-Boot.«

»Mit einem U-Boot?« fragte Olaf. »Wo sollen wir denn ein U-Boot herkriegen?«

»Wir bauen unser Flugzeug um«, sagte der Weihnachtsmann. »Laß mir mal ein paar Tage Zeit. Ich habe da so eine Idee.«

»Mhm«, machte Olaf. »Ich habe auch eine Idee«, fügte er hinzu, »wie wär's heute abend mit Pilzen und Heidelbeeren? Ich kann nämlich keinen Fisch mehr sehen.«

»Du sagst es«, lachte der Weihnachtsmann.

In den nächsten Tagen bekam Olaf seinen Freund kaum zu Gesicht. Aus dem Schuppen war wenig zu hören, abgesehen von gelegentlichem Hämmern und Klopfen, von unterdrückten Flüchen und fröhlichem Pfeifen. Kaum war eine Woche vergangen, da kam ein freudestrahlender Weihnachtsmann mit einem großen Skizzenblatt zu Olaf.

»Hier, schau mal«, sagte der Weihnachtsmann, »so müßte es gehen.«

» – ?«

»Paß auf, Olaf. – Wir sägen die Flügel von unserm Flugzeug ab. Der Motor wird von vorne nach hinten versetzt. Aus dem Propeller machen wir eine Schiffsschraube. Vorne dran kommt ein Scheinwerfer.«

»Und wie soll ich da reinpassen mit meinem Geweih?« fragte Olaf.

»Wir sägen den Rumpf in der Mitte durch«, sagte der Weihnachtsmann, »dann steigst du ein und setzt dich längs zur Fahrtrichtung.

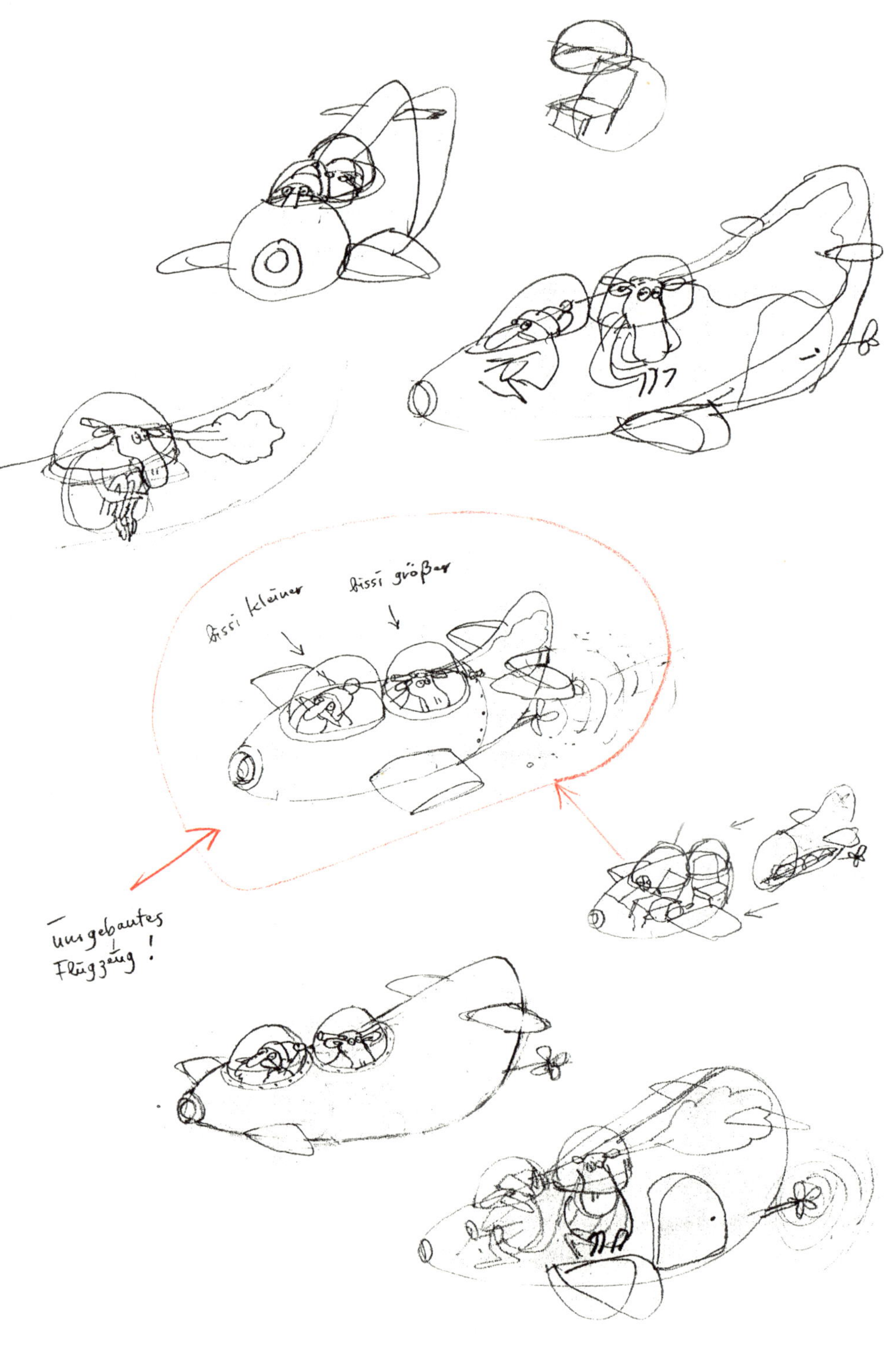
bissi kleiner
bissi größer
umgebautes Flugzeug!

So wie hier auf der Zeichnung. Ich schraube dann das Hinterteil wieder dran und steige oben durch die Einstiegsluke. Dann ziehe ich die Haube zu, und ab geht's. Die Gans und den Baum verstauen wir natürlich vorher unter den Sitzen. Logo.«

»Phantastisch«, sagte Olaf. »Einfach genial. – Kriegst du das alles rechtzeitig hin?«

»Es wird knapp, aber wir können es schaffen«, sagte der Weihnachtsmann. »Du kümmerst dich um die Gans und den Baum, ich kümmere mich um das U-Boot.«

»Okay«, sagte Olaf.

Olaf suchte sich im Wald eine schön gewachsene, nicht allzu große Tanne. Von einem befreundeten Bauern ließ er eine große Gans schlachten. Dann fuhr er in die Stadt und besorgte sämtliche Zutaten für das große Weihnachtsessen. Bei einem Süßwarenhändler kaufte er ein Kilo feinster Schokolinsen. Was das Rotkraut betraf, so mußte sich Olaf notgedrungen mit Konserven zufrieden geben. Das Rotkraut aus der Dose wurde allerdings mit Gewürznelken, Lorbeerblättern und Apfelstückchen so verfeinert, daß es beinahe wie selbstgemacht schmeckte. Christbaumkerzen und Kerzenhalter gab es zum Glück auch im Sommer. Einen Christbaumständer und einige Glaskugeln fand Olaf bei einem Trödler, desgleichen eine beinahe fabrikneue Mundharmonika in Originalverpackung. Die Strohsterne bastelte er selbst.

Das U-Boot wurde auf den letzten Drücker fertig. Für irgendwelche Probefahrten war natürlich keine Zeit geblieben, und so kam es, daß Olaf und der Weihnachtsmann in der Frühe des Sonnenwendtages ihr U-Boot zum allerersten Mal am Ufer der Bären-Bucht vorsichtig zu Wasser ließen. Eine Stunde später waren die wunderbar knusprig gebratene Gans, der Weihnachtsbaum, der Proviant und die Geschenke unter den Sitzen verstaut. Olaf hatte in Längsrichtung Platz genommen, der hintere Teil des Bootes war verschraubt, der Weihnachtsmann saß am Steuer und hatte die Haube über sich geschlossen.

»Jetzt oder nie«, sagte der Weihnachtsmann und drehte den Zündschlüssel. – Stille. – Der Weihnachtsmann versuchte es noch einmal. Diesmal sprang der Motor problemlos an. »Super!« sagte Olaf. »Jippieh!« rief der Weihnachtsmann. Das U-Boot nahm Fahrt auf, und nach wenigen Metern versank es langsam in den Wellen der Bären-Bucht.

Wie verabredet hatten die Pinguine an diesem Mittsommertag die äußere Schleusentür offengelassen. Schon von weitem war unter Wasser die Beleuchtung zu sehen, so daß der Weihnachtsmann ohne große Mühe den Eingang zu Käptn McFogertys unterirdischem Reich ansteuern konnte. Kurz vor dem Ziel drosselte er das Tempo und passierte ganz langsam den Eingang zur ersten Schleuse. Das U-Boot paßte haargenau durch die Lücke. »Na bitte«, brummte der Weihnachtsmann. Sie passierten die zweite und die dritte Schleuse, dann ließen die Pinguine das Wasser ab, halfen dem Weihnachtsmann beim Aussteigen und gingen ihm anschließend beim Auseinanderschrauben des Bootsrumpfes zur Hand. Es dauerte nicht lange, da standen Olaf und der Weihnachtsmann dem überglücklichen Käptn McFogerty und seinen beiden Kameraden gegenüber. Welch eine Freude! Welch eine herzliche Begrüßung! Das Schulterschlagen, das Umarmen und das frohe Gelächter wollten gar kein Ende nehmen. Und natürlich wurde das U-Boot gehörig bewundert und bestaunt. Und natürlich wurde der Gänsebraten ausgiebig beschnuppert, bis McFogerty befahl, die Gans in die Küche zu bringen und dort streng zu bewachen. Und natürlich wurde der Baum bejubelt. Und natürlich wurden den Gästen zunächst einmal ein Genever und einige Fischhäppchen angeboten, als kleine Stärkung. »Meine Herren, liebe Freunde!« rief Käptn McFogerty. »Ich hätte es fast nicht mehr geglaubt, nein, Quatsch, ich habe es immer gewußt, ich wußte, daß ihr es schaffen würdet! Seid willkommen! Heute wird gefeiert! Sonnenwende, Weihnachten, zweihundert Jahre goldene Grotte, ewige Verdammnis – Herrgottsakra! Heute feiern wir alles zusammen! Prost! Skol! Cheers! Zum Wohlsein!«

Als die Gans aufgetragen wurde, traten dem alten Käptn die Tränen ins Auge. Er zögerte einen Moment, bevor er den knusprigen Vogel anschnitt. Als er dann den ersten Bissen zu sich genommen hatte, tupfte er sich mit der Serviette den Mund ab, lehnte sich zurück und flüsterte: »Meine Freunde, ich danke euch.« Killer Joe sagte, nichts auf der Welt sei so delikat wie ein selbstgemachtes Rotkraut mit einem Klacks Preiselbeeren. »Doch«, sagte Sam Lynch zur allgemeinen Überraschung, »Kartoffelklöße. Mit Schokolinsen.« Friedlich brannten die Kerzen am festlich geschmückten Baum.

Nach dem Essen wurde eine riesige Champagnerflasche entkorkt, und man machte es sich rund um den Weihnachtsbaum gemütlich. Killer Joe packte mit zitternden Fingern seine Mundharmonika aus, besah sich das silbrig schimmernde Instrument von allen Seiten und hob es schließlich zum Mund. Er spielte »O Tannenbaum«, und schon nach den ersten Tönen sangen der alte Käptn und der Weihnachtsmann leise mit. Auch Sam Lynch stimmte ein, obwohl er den Mund voller Schokolinsen hatte. Nur Olaf getraute sich nicht zu singen.

Es wurde noch so manches Lied gesungen an diesem Abend, und es wurde noch so manche Geschichte erzählt. Es wurden noch allerhand Flaschen ausgetrunken und allerhand Toasts ausgebracht. Lange nach Mitternacht klopfte McFogerty zum letzten Mal an sein Glas und erhob sich ächzend aus seinem Stuhl. »Liebe Freunde!« sagte er mit schwerer Zunge, »das war ... das ist ... das schönste Weihnachtsfest meines Lebens. Jawohl.« Er machte eine Pause. »Und weil es so schön war«, fuhr er schließlich fort, »müßt ihr mir schwören, niemals – niemals – zu irgend jemandem ein Sterbenswörtchen über uns und über die goldene Grotte zu erzählen. Los, schwört jetzt.«

»Wir schwören es«, sagten Olaf und der Weihnachtsmann wie aus einem Mund.

Der Käptn hob sein Glas. »Ich danke euch.« Mit diesen Worten plumpste er wieder auf seinen Stuhl.

Der nächste Vormittag begann mit einer unschönen Überraschung. Während sich Olaf und der Weihnachtsmann von Käptn McFogerty, Killer Joe und Sam Lynch verabschiedeten, hatten die Pinguine die Schatzkiste mit den Goldstücken zum U-Boot geschleppt. Es stellte sich jedoch rasch heraus, daß die Truhe nicht in das Boot hineinpaßte. Das war nicht das einzige Problem. Die Goldstücke, ob mit oder ohne Truhe, waren viel zu schwer. Das U-Boot hätte mit dieser Last überhaupt nicht auftauchen können.

»Was machen wir jetzt?« fragte Olaf.

Der Weihnachtsmann zupfte nachdenklich an seinem Bart. »Hör zu, Olaf«, sagte er nach einer Weile, »ich schlage folgendes vor: Ich werde mit dem U-Boot alleine zurückfahren. Du bleibst erst mal hier. Ich besorge ein Boot mit Kran und komme morgen mittag Punkt zwölf zurück. Ich werde versuchen, oben die Stelle zu finden, die genau senkrecht über dem Eingang der Grotte liegt. Dann lasse ich an einem Seil deine Taucherausrüstung herunter, für alle Fälle. Das Seil bindest du um die Schatztruhe, und mit dem Kran hieven wir das Ding nach oben.«

»Okay«, sagte Olaf. »Hoffentlich klappt's.«

Es waren die Pinguine, die am nächsten Mittag als erste das dicke Seil mit dem verschnürten Bündel bemerkten, das sich langsam zum Meeresgrund herniedersenkte. Sie brachten Olafs Taucherausrüstung in die Schleuse und halfen ihm beim Anlegen. Es dauerte eine ganze

Weile, bis die Pinguine die schwere Truhe durch die Schleusen geschleppt hatten und schließlich vor der Eingangstür auf dem Meeresboden absetzten. Es war auch nicht ganz einfach, das Tau unter der Truhe durchzuziehen. Olaf mußte all seine Kraft aufbieten, um das dicke Seil fest um die Schatzkiste zu zurren.

Schließlich war es soweit. Olaf zog dreimal kurz am Seil. Das war das Zeichen für den Weihnachtsmann, der jetzt die Motorwinde startete, um die Schatzkiste langsam nach oben zu ziehen.

Zunächst sah es so aus, als würde die schwere Kiste gleich zu Beginn des Bergemanövers aus der Verschnürung rutschen. Aber das Seil hielt, obwohl es die Kiste nicht mehr in der Mitte umspannte. Ganz langsam begann die schwere Last nach oben zu schweben. Olaf klammerte sich an die Schatztruhe und versuchte, auf gleicher Höhe zu bleiben. Er mußte unbedingt verhindern, daß die Kiste ständig um die eigene Achse trudelte. Zunächst gelang ihm das auch, aber Olaf spürte, wie ihn allmählich die Kräfte verließen. Es kam ihm vor, als bewegte sich die Kiste nur im Zeitlupentempo nach oben. Schneller, dachte er, schneller, warum dauert das so lange? Olaf geriet allmählich in Panik. Lange konnte er die Truhe nicht mehr festhalten. Zum Glück wurde es von oben her immer heller. Auch schien das Wasser allmählich wärmer zu werden. Es konnte nicht mehr weit sein. Durchhalten, dachte Olaf. Gleich ist es geschafft.

Der dunkle Schatten aus der Tiefe war im ersten Moment nicht wirklich zu sehen. Olaf drehte sich instinktiv um, als es schon beinahe zu spät war. Ein riesiges, schwarzes Ungeheuer schoß von schräg unten auf ihn zu, ein klaffender Schlund mit weißen Zahnreihen tat sich auf – ein Mörderwal! –, das war das einzige, was Olaf noch denken konnte. Dann stieß er die Kiste mit aller Kraft in den weit aufgerissenen Schlund und strampelte sich panisch nach oben, dem Licht entgegen. Er sah gerade noch, wie die Schatztruhe im gewaltigen Rachen des Wals verschwand.

Dann war er auch schon an der Oberfläche, ganz nah an der schwankenden Bordwand eines Schiffes. Der Weihnachtsmann packte ihn am Arm, und als Olaf wieder zu sich kam, lag er auf den Decksplanken und blickte in das Gesicht seines Freundes.

»Alles klar, alter Junge?« fragte der Weihnachtsmann besorgt.

Olaf nickte. »Was ist mit dem Schatz?« fragte er.

»Das erzähle ich dir zu Hause«, sagte der Weihnachtsmann.

Als sie die Pilze mit den Heidelbeeren aufgegessen hatten und noch ein bißchen am Tisch saßen, sagte Olaf: »Fast hätten wir es geschafft. Schade eigentlich.«

»Laß gut sein, Olaf«, antwortete der Weihnachtsmann, »irgendwie lag auf dem Goldschatz kein Segen. Sieh die Sache mal so: Wir haben Glück gehabt, der Mörderwal hat tödliches Bauchweh und der alte McFog hat endlich seinen Seelenfrieden.«

»Stimmt«, sagte Olaf. »Übrigens: Wie wär's morgen früh mit einer Runde Wasserski?«